JN410506

첨부파일

김순호 시집

문학의전당 시인선
245

첨부파일

김순호 시집

문학의전당

시인의 말

간혀 있는 것들을 날려 보내며
아직 해가 지지 않은 언덕을 향한다.

해는 곧 언덕 아래로 사라질 것이고
이제 쓸데없는 희망과 고독과 이별하게 될 것이다.

2017년 1월
김순호

정동진

늦겨울
잔설이 남아 있는 정동진 밤바다
한 치의 틈도 없이
하늘과 바다가 마주 붙어 비벼대는 절망을 본다

누가 저걸
탁 트인 바다라 했을까

누가
저걸
탁 트인
바다라
했을까

—김순호 詩, 「정동진」中에서

첨부파일

문자로 날아온 첨부파일
두피가 훤히 들여다보이는
정수리에 얹힌 부스스한 머리칼
미끄러진 돋보기안경을 쓰고 책을 읽고 있는

이게 누구더라

담벼락에 쪼르르 모여
해바라기 하는 늙은 여자들
무심히 바라보며 지나쳤는데
그 모습이 바로 너라고
인증 샷으로 날아온 첨부파일 사진

담벼락에
쪼르르 모여
해바라기 하는
여자들

— 김순호 詩, 「청부파일」 中에서

차례

제2부

제3부

제1부

정동진

늦겨울
잔설이 남아 있는 정동진 밤바다
한 치의 틈도 없이
하늘과 바다가 마주 붙어 비벼대는 절망을 본다

누가 저걸
탁 트인 바다라 했을까

비

드럼을 치듯
감잎을 두드려대는 빗소리
처음엔
누군가 담을 넘어오는 듯
이따금씩 마른 흙을 튕겨대더니
두두두
무리 져 밤새 쏟아지는 비

비는 줄지어
수직으로 뛰어내리고
사람들은 우산을 펼쳐들고 수평으로 걷는다
빗물에 반짝이는 아스팔트
비가 뿜어내는 안개 속으로 빨려들어 가는 사람들
거리를 덮은 우산들 사이사이로
나는 좀처럼 오지 않는 이의 모습을
폈다 접었다 한다

벚꽃 1

바보 같은 철부지들
느릿느릿 도도하게 필 것이지
한꺼번에 옷고름 풀어헤치고
방긋거린다

꽃물 질펵한 유곽의 거리
사람들은 꾸역꾸역 몰려와
황사처럼 숨 막히게 파고들어 오는데
벌써 어느 것은
다 사르고 낱낱이 날아간다

아 놀라워라
꽃이 하늘을 밀어낼 수도 있다니

벚꽃 2

꽃들은 아무도 초대하지 않았네

호들갑스런 사람들이
며칠 꽹과리 쳐대다 떠나갔네
빈 동굴 속을 휘돌아 나온 바람같이 서늘한 사람들
나는 꽃들에게 미안하네

환호성처럼 꽃잎 날아가네
날아가며 잘라버린 핏빛 탯줄
얼기설기 쌓여가네
한 차례 비 쏟아지네

지하철 입구로 뛰어내린 꽃잎들
계단을 오르고 오르려다 떨어지네

꽃다발

친친 감긴 금빛 철사를 풀어
분홍 장미꽃 다발을 동여맨 하얀 비단 리본을 떼어냈다
다시 금빛 철사를 풀어
꽃다발에 입힌 투명 셀로판지 드레스를 벗겼다
또다시 금빛 철사를 풀어
부드러운 크림빛 종이 코르셋을 벗기고
또 다른 금빛 철사를 풀어
얇게 비치는 비닐 속옷을 벗기고
마지막으로 가슴을 꽁꽁 묶은
질기고 푸른 철삿줄의 브래지어를 끊어줬다

전족을 하듯
잘록하게 묶여 짓무른 장미꽃 송이들
느슨하게 병에 풀어주자
팔랑팔랑 겹겹의 웃음을 펼친다

백련사 가는 길

동백꽃은 목숨을 구걸하지 않더라

정약용과 혜장선사의
발자국이 묻혀 있는 늙은 동백나무숲
댕강댕강 참수된 모가지들 웃고 있더라

어떤 이는
그 모가지 모아
정념의 하트 그려놓고 가고
어떤 이는
꽃이 다 져버렸다
툭툭 발로 차며 가더라

빛마저 들여놓지 않는 냉랭한 숲
미끄러운 몸 꿈틀대는 사티로스*
동백꽃은 있는 듯 없는 듯 숨어
찾아가는 이를 애 태우더라
방패인 듯 반들거리는 잎새 위에

자글자글 햇살들 모여 놀더라

*사티로스(Satyros): 그리스 신화에 나오는 반인반수(半人半獸)의 숲의 신으로 여자와 술을 좋아하는 방탕한 신.

봄기운

냉동실에서 꺼내놓은 고깃덩어리가
점점 육질이 풀리듯
차가운 공기가 물컹거리며 해동한다
양수리 강가 매화나무엔
아기의 잇몸을 뚫고 나온 하얀 젖니 같은 꽃눈이
갈라터진 나무껍질을 밀며 촘촘히 박혀 있다
지금쯤 들길을 걸으면
부풀은 흙 위엔 발자국이 도장처럼 찍힐 것이다

동네 사람들은 가벼이 다들 어디로 갔는지
소음마저 떠난 일요일 오후
햇빛이 내려와 고요를 끌고 다닌다
너무 빠르게 오는 봄은 어찌할 바 모르게 해
커튼을 내려 봄기운을 차단한다

풀

땅속엔
잿더미에 숨어 있는 불씨 같은 풀의 심지
촉수를 내밀 틈을 찾아 빛을 더듬는다
주먹 쥔 손을 뻗어 올리는 풀더미들의 아우성
뜨거운 백사장에 널브러진 불가사리처럼
폐허의 바닥을 기어가는 풀들의 포복이 눈물겹다

하늘을 할퀼 듯 솟아오르는 숲속의 풀
차오르는 물의 기세로 들판을 덮어가는 풀은 자유로운데
쌓인 쓰레기 틈에 끼어 구부러진 풀
날선 발길이 오가는 보도블록 사이를 비집고 서 있는 풀은
시시각각 죽음을 무릅쓴다

발길이 닿지 않는 고궁 담장 아래로
궁녀인 듯 푸른 치마를 펼친 풀들이 달려간다

바람

애초에 바다는 바람의 자궁이었다

바람은 파도를 찢고 달려 나와
섬광처럼 어느 몸에 빙의해 한 생애를 살다 간다

어느 것은 풀잎에 앉아 가늘게 떨다 가고
어느 것은 꽃에 스며 꽃비가 되어 내리고
어느 것은 나무의 푸른 머리채 흔들다 가고
어느 것은 전선에 누워 울음 같은 휘파람 불며 가고
어느 것은 구름으로 떠돌다 비가 되어 바다로 가고
어쩌다 몸 빌리지 못한 나그네 바람 허공을 헤매다 가고

바람의 광장 성산 일출봉에서
침공하는 적군처럼
함성을 지르며 기어오르는 바람의 무리를 내려다본다

바람은

멀리서
바람이 가로수를 빙빙 돌아
부연 먼지를 일으키며 다가온다
차츰 가까워지는 바람은
나무마다 간지럼을 태우는지
한 나무가 흔들리다 멈출 즈음 다시
앞에 선 나무를 흔들며 다가온다
또 바람은
나무 밑에 깔린 낙엽들 속으로 기어들어가
쿡쿡 쑤셔대기도 하는데
숨을 불어 넣은 듯
부서진 낙엽들이
회오리치며 공중으로 솟아오른다
점점이
어디론가 흩어져 가는 낙엽 떼
기척에 놀라 일제히 날아가는 참새 떼처럼
살아있는 듯 살아있는 듯

개망초

방치된 땅속을
고압전류처럼 뻗어
산모퉁이를 돌아
뚝방을 넘어
고속도로변까지
쉬지 않고 달려 뿌리내린다

안개비 내리는 듯
진눈개비 얼어붙은 듯
벌판 가득 개망초꽃 고단하게 핀다

거친 바람 엉켜 도는 고속도로
튕겨져 나간 유령의 소리 같은 바람
개망초꽃 쓸어 눕힌다
무더기로 누웠다 무더기로 일어서며 파도타기 한다

하얀 광목 저고리
하얀 머릿수건의 아낙네들이

폭격에 쫓겨 한꺼번에 쓰러지고 한꺼번에 일어서던
6월의 정처 없는 죽음의 대열같이

달개비꽃

아무도 돌아보지 않는다

그늘진 풀섶
돌돌 개울가
남빛 여린 날개 파르르 떠는 달개비꽃

하필이면
넌 참 나를 많이 닮았구나

꽃 부처

곡성 태안사 절 마당에
바늘 같은 땡볕이 쏟아져 내린다
목덜미를 찌른다
자글자글 발목을 핥아대며 기어오르는 열기를 피해
선방 처마 밑 그늘로 가로질러 간다
뜨겁게 달궈진 자갈밭에 다리를 괴고 꼿꼿이 앉아계시는
해탈한 노란 민들레 부처 몇 분
합장을 한다

7월

사람들은 꽃이 필 때만 모여 들었다

꽃 진 자리엔
무성한 고요로 맺힌 씨앗 열매들
입술 꽉 앙다물고 있다

뙤약볕 아래
하늘에 오르고 싶은 능소화꽃
더듬더듬 담장을 기어올라 혼불처럼 흔들리다
무더기로 떨어져 쌓인다
녹아내린 저 꽃무더기 젖어들면
여름은 가는데

바람의 춤사위

벽에 걸린 달력이 붙들고 있는
자작나무숲 10월을 이제야 넘긴다
새로 펼쳐진 11월의 그림 속엔 벌판 가득
하얀 갈대들 한 방향으로 낮게 엎드려 있다
화가는 갈대를 이불처럼 덮고 있는
바람의 춤사위를 그려놓았다

조그만 쪽창으로 밖을 본다
생기를 잃고 누렇게 말라버린 담쟁이 잎 몇 개
집게 물린 빨래처럼 줄기를 잡고
팔랑팔랑 공중그네를 뛰다 멈추고 또 뛴다
아득히 들려오는 트럼펫 소리 같은 바람
담벼락을 훑는다

갯벌

바다가
물의 살갗을 벗어 버리고
잿빛 뼈를 드러냈다
혈관처럼 얼기설기 퍼져간 갯골
멈춘 듯 느리게 흘러가는 엄숙한 피돌기

잘근잘근
그의 뼈마디를 밟으며
즐거워하는 사람들의 웃음 소리

햇볕에 누워 있는
망망한 갯벌의 속수무책

갈대

노을이 지는 순천만
내려앉는 어둠을 삼키는 갈대들의 마른 숨소리
밀물처럼 번져간다
갈대는 뿌리로부터 끌어올린 붉은 함성을
깃발 같은 머리칼 흔들어 외친다

이제야 알겠다
독백이 뭉쳐 함성이 된다는 것을

참새와 배롱나무

담장에 기대 선
배롱나무 가지를 하나씩 타고 앉은 참새들이
이리저리 흔들리며 동그란 씨앗을 쪼아댄다
마치 햇빛 고요히 멈춘 늦가을 들녘
알맹이 꽉 찬 키다리 수수들이
무거운 고개를 숙이고 바람에 흔들리는 듯

참새들이 훨훨 날아간다
하루 종일 씨를 빼먹으며
톡톡 뱉어낸 껍데기가 나무 밑에 까맣다
홀쭉 가벼워진 배롱나무 하늘을 향해 팔을 쭉 뻗는다
날아간 참새들은 어딘가에 씨앗을 떨어트리고
뿌리내린 배롱나무엔 먼 날의 참새들이 찾을 것이다

9월

굵은 철삿줄 같은 비 쏟아진다
성급히 물들어 떨어진 노란 나뭇잎들
비에 젖어 어디론가 떠나간다

매미 울음 잦아들며 여름이 간다
멀리서 가늘게 들려오던 귀뚜라미 소리
밤마다 한 발씩 가까이 다가온다

가는 것은 언제나 쓸쓸하고
오는 것은 언제나 당당하다

단풍잎 하나

후두둑 빗방울을 맞고 떨어지는 낙엽을 주워들고 왔다
작은 나뭇잎은 선홍과 주황 노랑 갈색을 흩뿌리며
색의 마술을 펼쳐가던 중이었나 보다
얇디얇은 단풍잎은 살이 발려진 생선처럼 선명한 잎맥을 뻗어
날카로운 톱날 같은 끝으로 마무리되어 있다
그것으로 손등을 쓸어본다 수액이 끊겼음에도
까슬까슬 날을 세운 생기가 하얀 선을 그으며 쓰리게 파고든다

장미

눈이 올려나
잔뜩 흐린 영하의 하늘
뒤늦게 홀로 피어나던 빨간 장미
반쯤 열리다 얼어 미동도 없다
타오르는 불길 그대로

밤길

초저녁 짧은 눈보라에
기온은 급강하하고
귀가를 서두른 사람들로 텅 빈 거리

천변엔
마디마디 관절을 꺾고 누운 마른 풀들과
스스스 끌려가는 가랑잎의 외침과
범람하는 바람을 망토처럼 두르고 걷는 나

얼음강

급냉의 손으로
강물을 한 줌씩 움켜잡았다
솟아오른 파도 그대로
구불구불 하얗게 얼어버린 임진강
이륙한 비행기에서 내려다보던
구름뭉치 같은 얼음파편들
물결은 겹겹이 소금을 쌓아 올리듯
파도를 정지시키고

얼음강 묶은 철조망 길
총대 멘 애기 군인들 바람 되어 서성인다

기차

날것으로 삼켜진 사람들이
몸통 안으로
차례차례 들어가 앉자
차르르 날쌔게 달리는 기차

기절한 듯 잠이 든 사람
스마트폰으로
탈출의 정보를 검색하는 사람
먹거리를 펼쳐놓고
보채는 아이를 어르는 엄마
이대로 죽어도 좋을 연인들
찰나의 풍경을 내다보는 사람
태연한 척 눈을 감고
배설의 종착역을 기다리는 사람

첩첩
태백의 고도 정암 터널을
빙글빙글 빠져나온

뱀의 대가리에
노을이 붉다

세상의 중심은 다 푸르다

세상의 중심은 다 푸르다

하늘이 푸르고
바다가 푸르고
강물이 푸르고

산과 들에
솟구쳐 오르는 연둣빛 촉수들
들끓어 푸르고

다만
뿌리 없이 떠도는 생명들만
색색의 무지개로 떴다가 사라진다

제2부

작은 돈 액수만큼의 자유를 샀다

작은 돈 액수만큼의 자유를 샀다
내게 허락된 공간은 한 평 남짓
드러낼 것도 가릴 것도 없는 단독의 혁명
이곳엔 왕도 법도 의무도 없다

스스로 선택한 고립의 유배
퇴화한 날갯죽지를 더듬으며
진공 포장된 고요 속으로 침잠한다
침묵의 빗장을 부셔버릴 듯 심장이 와글거린다

꺽 꺽 울음이 왔다 가고
배시시 웃음이 왔다 간다

유통기한

사람의 목숨도 유통기한이 있다면
그 유통기한의 마지막이 봄이라면
양지바른 산천 떠돌아다니며
그날 피는 꽃은 그날 보리라
그러다
꽃잎 분분이 흩날릴 때
꽃바람 따라 사라지리라

그 유통기한의 마지막이 여름이라면
불을 쫓는 불나방 되어
눈물 많은 내 몸뚱이를
불구덩이에 던지리라
영혼까지 깡그리 태운 잿더미 위엔
줄기차게 퍼붓는 여름비를 맞으리라

그 유통기한의 마지막이 가을이라면
높고 파란 하늘에게
낮달을 끌고 가는 구름에게

치열하게 물든 단풍들에게
그림자 없이 달려오는 바람에게
고마웠다 사랑한다 고백하리라

그 유통기한의 마지막이 겨울이라면
하늘과 땅 맞붙은 듯
휘날리는 눈발 쉬지 않는 날
풍성한 눈사람 되어
사락사락 눈길을 따라가리라

나를 복제한다

삼면의 거울 앞에서
하나인 내가
여러 개로 복제돼 포개어진다
웃음도
찡그림도
놓치지 않고
일사분란하게 나를 따라 움직이는 동작들
저 많은 모습 중
내 영혼은 어디에 숨어 있을까

세포를 배양해 나를 복제한다

감정의 반란으로 복제된
각각의 내가
활자 속으로 빨려들어 간다

유리병 속 그리마

어쩌다
유리병에 빠진 그리마 한 마리
온몸 웅크린 채 말라죽어 있다

오글오글
수십 개의 다리 사방으로 뻗쳐도
오를 수 없는 공포의 유리벽
지쳐 마지막 내다봤을
투명한 바깥의 평온은 얼마나 잔인한 절망이냐

그 많은 다리로도 잡을 수 없는
그 많은 다리로도 피할 수 없는

---

*그리마: 발이 수십 개 달린 지네를 닮은 벌레. 돈벌레라고 부르기도 한다.

아무도 없었다

눈을 뜨니
고요를 덮고 있다
그 외엔 아무도 없었다

서두르지 않아도
배고픔은 서서히 나를 일으켜 세워
그릇에 반쯤 담긴 밥을 먹어치운 후
커피를 내려 들고
창밖에 얼기설기 찢어진 하늘을 올려다보게 할 것이다

마당엔 아무도 향을 맡고 가지 않은 오월의 장미가 시들어
마른 시래기 냄새를 풍기며 꽃잎을 하나하나 털고 있겠지

그 사이에
지루하게 걸려 있던 시간은 햇빛을 좇아 바다로 가고
이 하루를 살아내기 위해 난 어김없이 또 몇 번쯤은
지나간 나와
지금의 나와

다가오는 나와
진저리칠 외로움과 마주하게 되겠지

탈출

불볕이 부셔놓은 강변 모랫길
발 디딜 틈 없이 꼬물대는 새카만 개미떼
좌에서 우로 가로지른다
모래를 들썩이며 건너가는 그들의 행렬은
1950년 여름 남으로 쫓겨 가던 우리들처럼
필시 생사를 건 탈출일 것이다
그때 하늘이 이 땅의 참상을 내려다보았듯
뜨거운 모랫벌을 쓸고 가는 물길 같은 아우성을
나도 내려다본다

맑고 권태로운 날
개미들이 감지한 절체절명의 이유를 난 알지 못한다
그저 가던 길을 가기 위해 폭탄을 투하하듯
두 발이 그들을 밟는다

허공

맨 처음 있었을 것이다

허공은
모든 생명들을 다 품고
다시 그 죽음들을 다 쓸어 담으며
주룩주룩 밀려
자신의 자리를 내어준다

끝없이 치고 들어오는 욕망의 더미들
추락의 속도는 모두 제 몸의 무게일 뿐
허공은 무관하다

어린 돼지들

내가 탄 버스와 나란히 달리는 가림막 없는 트럭
성긴 털 사이로 분홍 살갗이 비치는 고만고만한 돼지들이
시루에 박힌 콩나물처럼 서서
앞서가다 뒤처지다 한다

봄볕 따사로운 날 길 떠나는 어린 돼지들
저것들은 피부를 맞대고 무슨 생각을 하고 있을까
죽는 거 별거 아니야, 라고 서로 위로를 할까
다음 생엔 우리가 인간이 될 차례야, 라며 킥킥대고 있을까

부위별로 나뉘어 누군가의 내장으로 빨려들어 갈 순진한 삶
사람들은 마지막으로 이 사이에 낀 찌꺼기를 뱉어
흔적도 없이 너희들의 죽음을 완성시키겠지

가다 서다를 반복하는 꽉 막힌 고속도로
브레이크를 밟는지 차가 멈추면 일제히 고꾸라지고
다시 달리면 뒤로 밀려간다

지루한 행진을 하던 트럭이 차선을 바꿔 멀어진다

얘들아 단 한 번의 전기충격으로 깨어나지 말고 그냥 가거라
방혈*할 때 하늘 한번 보겠다고 꾸역꾸역 고개 들지 말고

---

*방혈(放血, bleeding): 가축을 기절시킨 상태에서 미세한 혈관을 따라 체내 구석구석에 퍼져 있는 혈액을 신속하게 체외로 빼내는 것.

안락의자

창 너머
횡단보도를 오가는 사람들을 보며 커피를 마신다
일정하게 바뀌는 신호등을 따라 수시로 바뀌는 사람들
백 이백 천 이천의 머리수를 세어도
어디선가 끊임없이 나타나는 사람들
저 많은 사람들 틈에 끼어 못난 나는 어떻게 살아가나

천정의 스피커에선 때로는 알고 있는 노래가
때로는 모르는 제3세계 음악이 나온다
둘러보면 아무도 듣지 않는 벽에 걸린 액자처럼
그냥 장식으로 흐르는 선율들

카페엔 개인을 위해
선반으로 된 탁자와 높은 의자가 창밖을 향해 있고
넓은 홀엔 편안함을 배제한 듯
중고 가구점을 연상시키는 제각각의 탁자와 의자가 놓여 있다
그 사이 양념처럼 몇 개의 안락의자가 서비스로 갖춰져 있는데
귀한 만큼 그 의자를 향한 눈치작전은 치열해 비어 있을 틈이

없지만

어쩌다 안락의자를 차지한 날은 낯설음의 자유와 평온에 빠진다

지금 난 안락의자에 앉아 있다

아침 환승역

전동차 문이 열리자
빗물에 곤죽이 된 검은 탄 덩이 같은 사람들
왈칵왈칵 쏟아져 나와 넘친다

출정의 북을 치듯
계단을 뛰어가는 부산한 발장단
컨베이어 벨트를
끄덕이며 돌아나가는 통조림의 행렬처럼
두 줄의 에스컬레이터
새카만 뒤통수와 빨간 얼굴들을 쉼 없이 떨궈낸다

저것은 비정한 경주 멈출 수 없는 밥그릇의 행진

피리 부는 사나이*를 따라가는 것인가
우루루 먼 말발굽 소리로 떼 지어 간다

---

*아베긴야의 동화. 독일 하멜른 마을을 점령한 쥐떼를 몰아내준 피리 부는 사나이에게 약속한 보수를 지불하지 않자 마법의 피리를 불며 아이들을 몰고 사라진 전설의 동화.

한 생애가 간다는 건

비를 맞으며
아스팔트를 움켜잡고 있던 커다란 플라타너스 손바닥
이젠 질긴 핏줄만 남긴 채 만신창이로 해체되고 있다

비는 개이고
햇빛은 칼날에 베이듯 섬광처럼 번쩍이는데
밤새워 푸석한 내 얼굴을 할퀴고 달아나는 낙엽들
선뜻 내려앉지 못하고 몇 번인가 튕겨가다 멈춘다
한가로운 봄 나비인 듯

거리엔
진공청소기처럼 낙엽을 빨아들이며 가는 자동차의 행렬

한 생애가 간다는 건 저런 것이다

지구별을 떠나며

여행을 마치고
노을처럼 지구를 떠난다
하늘을 밀어내는 고층 빌딩들
밤의 유리창에 몸을 찢는 불새들의 한마당
그 피의 늪으로 빨려들어 간다

떠도는 우주선
다닥다닥 붙어 있는 아파트들
난 모든 버튼을 on으로 설정하고 깊숙이 미끄러진다
부풀은 우주복을 입고
어지러운 무중력의 공간을 둥둥 떠다닌다
시시각각 경쟁의 정보를 쏟아내는 빛의 모니터
빨간 눈으로 응시하며
비만과 건조함을 부추기는 버튼을 망설임 없이 누른다
눌러도 허기는 채워지지 않는데
까마득히 멀어지는 지구

밤 12시

밤 12시
가로등 불빛보다 먼 도시의 달은
외로운 사람만 바라다본다
밤 2시
서쪽 빌딩으로 넘어가는 도시의 달은
가슴이 빈 사람을 내려다본다

자유

자유란 다 거짓말
내 영혼아
너는
천당도 지옥도 기웃거리지 마라

눈물

이상하지
눈물은 눈에서 흐르기 전
왜 콧등에 모여 쏴아 우는 걸까
그건 아마도 심장에서
목구멍을 치고 올라오기 때문일 게다

시간이 멈춘 거리

볼일도 없으면서
꾸역꾸역 모여드는 사람들
늙은이들끼리 이놈저놈 소리치는 객기도
중풍으로 다리를 끄는 절름발이도
어두운 고가도로 밑
홀로 막걸리를 마셔대는 주정뱅이도
함께 삶을 소비하는 종로3가 뒷골목
이곳의 시간은 흐르지 않는다

손바닥만 한 유리가 박힌 미닫이창에
빨간 글씨로 쓰인 이천 원짜리 국밥집
창밖을 내다보는 하얀 설탕에 굴려진 도넛
멸치국물 내음 따라 골목에 들어서면
커다란 양은솥 뚜껑을 쉭쉭 밀치며 구불구불
바닥을 기어 다니는 뿌연 김 사이로
양푼 가득 담긴 칼국수를 후후 불어대는 허기진 입김들

금방이라도 허연 버짐꽃 핀 아이들이

불쑥 튀어 나올 것 같은 이발소가 있는
영화 세트장 같은 거리
구두 닦는 값 1000원의 푯말을 세우고
노인들의 낡은 구두를 닦는 등이 굽은 할아버지
그의 예사롭지 않은 빠른 손놀림은
신사들의 탱탱한 구두코에 침을 뱉으며 광을 내고 있는
한 어린 소년의 고달픔이 그려진다

깨진 거울

신촌 지하철역 현대백화점 입구에
긴 머리의 여자가 마냥 앉아 있다
처음엔 유난히 뽀얀 피부가 귀해 보여서
소설가 박경리 선생을 너무 닮아서
자꾸 되돌아보게 하더니

어느 날부턴가 지하철 통로에
몇 개의 보따리를 둘러놓고 표정 없이 서 있기도 하고
시뻘건 얼굴로 천정을 향해 알 수 없는 소릴 지르기도 한다
아무리 떠들어도 사람들은 투명인간인 듯 지나치는데
난 그 여자의 배 안에서도 건강하게 출렁거릴
검푸른 내장들과 붉은 피 하얀 기름 덩어리들을 떠올린다

여자가 손거울을 들고 긴 머리를 빗는다
지나치며 언뜻 훔쳐본 깨진 거울엔 거미줄처럼 퍼진 조각마다
비틀린 얼굴이 섬뜩하게 박혀 있다

어둠

빛은 공평하지 않네
앞으로 나서는 것들만 비춰주네
밟히고 뒤처지고
숨어 있는 것들을
덮어주는 것은 어둠이네

섬뜩한 유혹

뽀얀 여자의 통통한 발을
정교한 무늬의 도마뱀이 지긋이 물고 간다

검은 선글라스 여자가
다이아몬드 무늬 악어와 팔짱을 꼭 끼고 간다

돈이 많아 보이는 여자가
칭칭 악어떼의 보호를 받으며 걸어간다

백화점 유리 상자 속엔
붉은 루비 광채를 뿜는 째진 눈의 독사가
얼굴 없는 여인의 하얀 목을 감고 오른다

시인과 화가

시인은
뇌 속의 얽힌 회로를 끄집어내
자화상을 그린다
실제 얼굴은 보이지 않고 숨어 있지만
심장의 소리까지 날것 그대로 그려져 있어
독자들이 책을 덮고도
그 마음을 오롯이 알 수가 있다

화가는
얼굴의 표정과
신분을 나타내는 의상을 세밀하게 묘사해
자화상을 그린다
시인과 달리 외모는 낱낱이 드러내 보이지만
마음은 겹겹이 가려져 읽히질 않아
사람들은 그림 앞에서 하염없이 서 있다

거리는 젊음만 기억한다

형광불빛 집어등을 따라 다니는 사람들
무덤에서 나온 머리 잘린 토우*
그들의 머리는 다 어디로 갔을까
대립의 악다구니 소리 햇빛처럼 쏟아지는 거리
구겨진 노인은 비틀거리며 뒷골목으로 숨어든다

어느 해 크리스마스
버들잎같이 푸른 일기장을 손에 쥐어주고 가버린 그 애도
지금은 어두운 골목으로 사라졌을까

광화문 지하 계단 밑 구석진 자리
번데기처럼 침낭 속에 몸을 숨기고 지난겨울을 버티던
그는 나비가 되어 날아갔을까

새 얼굴의 부랑인이
그 자리에 종이박스를 쳐놓고 소꿉놀이를 한다

빨간 입술들이 쉴 새 없이 먹고 웃고 떠들며 지나간다

솜털 보송한 계집애가 서 있는 거리
거리는 젊음만 기억한다

---

*토우(土偶): 흙으로 사람이나 동물 모양 따위를 만든 것. 종교적, 주술적 대상물. 부장품(副葬品) 등으로 사용되었다.

영정사진

발랄한 저 눈빛이
붙잡은 시간은 어디 있을까
그날은 정지돼 갇혀 있다

목을 조르는 검은 띠를 눈짓하며
제발 나를 꺼내주세요
앙다문 입술이 오물거린다
내가 카메라 렌즈인 양 옆으로 비껴서도
쪼르르 따라와 눈을 맞춘다

산 채로 압핀에 꽂힌 나비처럼
파르르 떨고 있다

농구 코트

광장 한 켠에 세워진 농구 코트 앞
남학생들이 시커먼 덩어리로 꿈틀거린다
발이 엉키고 몸이 부딪히는 기 싸움
허공을 찌르는 손과 손을 타고 떠 있는 공이
노을을 감고 바구니 속으로 빨려들어 간다

정지된 어느 날의 풍경처럼

소나기를 피하듯
놀이를 멈추고 사라진 아이들
학생들의 구애를 도도히 팽개치던
밑 빠진 그물 바구니에 어둠이 고인다

첨부파일

문자로 날아온 첨부파일
두피가 훤히 들여다보이는
정수리에 얹힌 부스스한 머리칼
미끄러진 돋보기안경을 쓰고 책을 읽고 있는

이게 누구더라

담벼락에 쪼르르 모여
해바라기 하는 늙은 여자들
무심히 바라보며 지나쳤는데
그 모습이 바로 너라고
인증 샷으로 날아온 첨부파일 사진

제3부

빈 무덤

솜털 스치는 바람 서늘해지고
감잎이 감처럼 물들어가는 때

하늘 가까운 산언덕에
빈 무덤 하나 만들고 싶네
그 안에 새파란 내 아비 내 어미 혼을 가두고
한 치도 빠짐없이 자분자분 밟고 싶네
봄이면 아롱대는 아지랑이 풀어놓고
여름이면 은빛 별무리 데려가고
가을이면 떠나는 낙엽 쉬어가게 하고
겨울이면 샛노란 햇빛 쏟아지게 하고 싶네

나 아무도 모르는
빈 무덤 하나 만들고 싶네
그 안에 피 끓는 내 아비 내 어미 혼을 누이고
사는 게 무서웠다 말하고 싶네
혼자서 외로웠다 투정하고 싶네
하늘이 왕창 깨지도록 고래고래 악을 쓰고 싶네

보름달

노란 보름달이
빙그르르 달무리 갓을 두르고
가로등처럼 고개를 숙여 내려다본다
그대로 빨려갈 것 같은 현기증이
어느 우물 앞에 서 있다는
착각을 하게 한다

타는 듯한 더위였던가
허기의 떨림이었던가

아이가
까마득히 깊은 우물을
까치발로 들여다보다가
엉켜 있는 두레박을 풀고 거꾸로 던져
몇 번인가 들썩들썩 밀어 넣기를 반복하더니
차가운 물을 퍼 올려 마신다

메워놓은 우물 밑바닥에서

벽을 탕탕 부딪치며 끌어낸 남루를

노란 보름달이 가로등처럼 내려다본다

나의 전쟁은 끝나지 않았다

먹물을 풀어놓은 듯 새카만 밤바다
우리 속에 갇힌 짐승의 발작처럼
사납게 으르렁대는 파도
우— 어깨를 걸고 자살특공대처럼
하얀 칼날 부딪히며 달려온다

겨울 바다에서
여인의 흐느낌을 듣는다
그녀의 등에서 들었던 검은 바다의 아우성은
지금도 심장에 박혀 웅웅거리는데
언뜻언뜻 백사장을 지나가는 옷자락 같은 그림자
이제는 안고 가야 하는데
아직도 그 칠흑의 바다가 어딘지 나는 모른다
백사장 가득 찍힌 수백 수천의 발자국들은 보았을까
꽃잎 같은 한 여인의 넋을

탯줄

선 잠결에
움푹 파인 배꼽 깊숙이 검지를 넣고
딱지를 후벼 파냈다
모래알만 한 알갱이가 아직도 떨어져 나오는 배꼽은
죽는 날까지 아물지 않는 분리의 상처

배꼽을 만지며 그녀를 생각한다
어미는 나만큼 살아보지도 못했으니
그녀란 호칭이 더 잘 어울린다
딸처럼 내가 보듬어줘야 할 것 같은 앳된 자궁 속과
연결된 내 생명선인 탯줄은 배꼽에 박혀
그녀의 유전자와 절망의 극한까지 통째로 빨아댔겠지

한 여자

가늘게 내리던 비가 점차 그치고
습한 안개로 쌓여가는 주말 오후의 신촌
팝콘처럼 터져 나온 젊은이들 틈에
터지지 못한 알갱이 하나
한 여자가 서 있다

도도한 인파 속으로
그림자 없는 여자가
어린 두 아이의 손을 잡고 동동거리며 지나간다
청바지에 티셔츠만 입던 가난한 여자
집과 어두운 골목시장을 바람개비처럼 돌던 여자
아이들의 손을 놓은 지금에야
시들어버린 자유를 품에 안은 여자

차 없는 주말의 연세로
한 여자가 홀가분하게 기웃거린다
작가들이 두 손으로 받쳐 든* 하늘엔 맴도는 안개
상가마다 악을 쓰며 쏟아내는 알 수 없는 노래

땅이 울리는 수백 수천의 다리 사이사이로
한 여자의 잃어버린 날들이 지나간다
선뜻 돌아가고 싶지 않은
그립고도 그립지 않은 날들이 힐끗 돌아보며 지나간다

---

*신촌 연세로에 '문학의 거리'를 조성하면서 김남조, 이어령, 조정래, 김승옥, 최인호 등 작가들의 핸드 프린팅을 홍익문고 앞에 설치했다.

그림자

해를 안고 걸으면
수줍게 뒤에 숨어 종종대며 따라오고
달을 등에 지고 걸으면
초롱불을 밝혀든 듯 겅중겅중 앞서서 간다

나를 언제나 환한 빛 앞에 세워주고
겸손히 땅에 엎드리는 너
기쁠 땐 네가 먼저 신이 나서 달려가고
슬플 땐 네가 먼저 풀이 죽어 운다

지평선 끝으로
노을 되어 스러지는 날
미련하게 따라와 순장할 너

강가에 앉아

잔잔한 강물에 모래알 하나를 집어 던졌다
소금쟁이가 긴 다리로 튕겨가듯
가늘게 물의 떨림이 퍼져간다
모래알을 가슴에 묻는다
고개를 돌리지도 않고 손으로 땅을 더듬어
공깃돌 크기의 돌을 집어 던졌다
퐁 소리와 함께
작은 돌은 조금 느리게 흔들리며 가라앉는다
모래알보다 선명한 파문이 퍼져간다
작은 돌을 가슴에 묻는다
이번엔 주먹만 한 돌멩이를 집어 힘껏 던졌다
풍덩 큰 소리를 내며
물방울이 솟아오르고 돌멩이는 순식간에 가라앉는다
굵은 동그라미 파문이 힘차게 멀리까지 퍼져 나간다
돌멩이를 가슴 깊이 묻는다
갇혀버린 파문은 가끔씩 터질듯 부풀어 오를 것이다
파문이 멈추고도 오래도록 거기 앉아 있었다

기록사진

한 톨 씨앗이던 그때

위태로운 나라
희망 잃은 눈동자들을 기록한 흑백사진
그 속에서
하필이면 그때 인생의 정점에 서 있었을
내 아버지 어머니를 본다
저기 어디쯤에서
주먹을 치켜들고 외쳐댔을 것만 같아서
저기 어디쯤에서
불안에 떨며 숨죽였을 것만 같아서

궁핍한 시절
흑백의 얼굴들이 모여 있는 그날도 햇빛은 빛났는지
하얀 광선이 번들거린다

너이기 때문에

고만고만한 높이로
새카만 머리들이 출렁이는 거리에서
나는 너를 금방 찾아낸다

앞서가는 너의 뒤를 따르며
만 가지 생각을 한다
이대로 돌아설까 말까
그러면서도 선뜻 가버릴 수 없는 것은
그게 너이기 때문이다

나는 안다

내가 내 자신보다
너를 더 사랑해도
너의 한 호흡을 대신할 수 없고
네가 나를 아무리 사랑한다 해도
털끝 한 올 네가 나일 수는 없다

처음 다가오던 설레임은
날이 갈수록 고통이라는 걸 안다
그 모든 것은 네가 주어서 받은 것이 아니라
마음이 헤픈 내 탓이라는 걸 안다
서로 변하여 하는 이별은 이별이 아님을 안다
뿌리는 깊은데 촉수만 잘려나가는 부재
그것이 끊어지는 참 이별임을 안다
오늘은
너를 버려야겠다고 독하게 다짐을 하며
목숨만 맘대로 할 수 없는 게 아니라는 걸 안다

한 앳된 임신부가

보름달처럼 둥근 배를 유쾌하게 내밀고
오만하게 걸어온다

없음

아무도 없음을
아무 소리도 없음을
꼼짝도 못하고
허허벌판에 박힌 녹슨 철조망같이
어디로 빠져나갈 수도 없음을
오롯이 표현할 방법이 없다

문장으로 태어나는 것은 이미 없음이 아니다

무심

서로 손을 흔드네
차창 속 그가 먼저 시야에서 눈을 돌리고
자신의 세계로 돌아가네

그런 무심한 사람을 난 사랑하네

다음엔 내가 먼저 고개를 돌리리라
맹세 같지도 않은 맹세를 속으로 다짐했네

그런데 오늘 또
그가 먼저 고개를 돌리는 것을 보고 말았네
뒷모습을 보는 사람이
더 깊이 더 많이 사랑하는 것이란 생각을 하네

나는 빈 공간을 바라다보네
아무 상관도 없는 사람들이
그가 있던 자리에 서 있다 가고 서 있다 가곤 하네

장사도(長蛇島)

어둑한 나무 아래 똬리를 틀고 앉아
덜컹 숨 막히게 하는 저 서늘한 웃음보따리들
새빨간 목숨 툭툭 던져놓고 선연히 살아있는 동백꽃
바람은 자꾸만 나뭇잎 사이로 들어와
얼굴을 비비다 간다

꿈틀대는 동백숲 그곳엔
끊임없이 탈출의 기회만 노리는 바다가
덩어리로 달려왔다 되돌아간다
아무리 높이 뛰어도 뭍으로 올라설 수 없는 바다
그들의 거친 숨소리는
옹골지게 뱃머리를 붙잡고 따라와
길게 누운 장사도(長蛇島) 절벽을 할퀸다

꽃샘추위

며칠 전 마당에 산수유나무
먹이를 물고 온 어미를 향해
입을 쩍 벌린 아기 참새 입술 같은 꽃눈을
뾰글뾰글 밀어냈다

오늘은 그늘 아래
얇은 창호지 같은 얼음 녹아내리자
심술 난 동장군
뒤돌아서 뿌연 황사 덮인 허공에
통쾌한 장풍을 날린다
장딴지를 휘감는 회초리 바람

놀란 산수유나무
삶은 달걀노른자 같은 꽃잎 물고 쩔쩔 맨다
다그닥 다그닥
이빨 부딪치며 떨고 있다

너 떠난 뒤

너를 보내고 돌아서는데
조금 전까지 우리가 앉았다 빠져나온 자리엔
구멍을 메우듯
또 다른 이의 촉박한 이별이 채워져 있다

대합실 가득
수많은 입에서 쏟아져 나온 이야기들
소음으로 둥둥 떠다니는데
너의 은밀한 밀어는 어디를 날아가고 있는지
머물던 곳마다 다시 가도 들을 수 없다

오늘을 낭비하자

어떤 이유로든 부재는 이별이다
내일은 믿을 수 없는 것
망설이지 말고 오늘을 낭비하자

만남은
각자의 고독을 잊어버리는 시간
이별은
각자의 고독을 되찾는 시간이니

커피는 식어 있다

거리엔 아는 척 있는 척
풀 먹인 호청처럼 부풀어 서걱거리는 거짓들이 펄럭인다
난 거짓으로도 잘난 사람은 되지 못했다

희희낙락 연애하는 것들의 여유로움과
빈 박스를 줍는 노인의 궁핍이 똑같은 햇살로 버무려진다
오늘의 태양이 누구에게나 찬란한 것은 아니다

자주 거리를 헤맨다
그러다 지치면 카페를 찾아
자리마다 펼쳐진 수다를 바라보고 들으며
치워지지 않는 절망을 누그러뜨린다

그때쯤
커피는 식어 있다

왜 그랬을까

잡채 부침개 김치 다시마쌈 등등의 반찬이
식탁에 놓이고 정갈한 놋그릇에 밥을 담아
콩나물 도라지 고사리 호박 나물을 켜켜이 얹고
맨 위에 계란 프라이로 멋을 낸 비빔밥이 나오자

왜 그랬을까

터진 손등에 피딱지가 엉긴 사내아이가 들고 있는
새카만 깡통에
찬밥을 쏟아주며 얼핏 봤던 빨간 김칫국물이 배어든
하얀 밥덩이에 뒤섞인 반찬들이 또렷이 떠오른 것은

그때 우리처럼

그때 우리가 걷던 길을
우리처럼 손을 잡고 가는 연인들을 지나치며
먼 훗날 그들도
둘 중 한 사람이 지금의 나처럼
또 다른 연인들을 바라보고
오늘을 회상할 수도 있겠지 하는 생각으로
다시 뒤돌아 그들을 보네
어쩌면 저기 홀로 앞서가는 저 여인도
먼 뒤에서 따라오는 저 남자도
제각기 그림자 하나 안고 있는지도 모를 일

양화대교 난간 생명의 전화를 달빛이 붙들고 있네
그 전화를 들고 그때의 그를 부르고 싶네

상품이 된 나

내 시집이 서점 책꽂이에 수줍게 꽂혀 있다
그 느낌이 묘하다

시골 어느 장바닥 쪼그리고 앉은 할머니가
구겨진 비닐 위에 펼쳐논 초라한 한 줌 푸성귀 같았다가

영화 속에서 찢어진 옷을 걸친 채
운명에 몸을 맡긴 흑인 노예의 겁먹은 눈빛 같았다가

왕조시절
간택을 기다리는 안쓰러운 애기소녀 같았다가

밤거리에서
나를 취해 달라고 교태를 부리는 작부 같았다가

아, 그러니까 저것은
예술이란 이름으로 나를 팔고 있는 허영의 결정체가 아닌가

목화꽃

가벼운 아이들은
나비처럼 목화밭을 날아다녔다

양손 가득
목화송이를 움켜쥐고 달리던 황토밭두렁
먼 고함 소리를 들으며
아이들은 허기진 벌처럼 다디단 즙을 빨아댔다
하늘이 뒤집힌 듯
목화밭 가득 내려앉던 뭉게구름

목화꽃을 보면 배고픔도 그립다

레코드 바늘

되돌아갈 수 없는
가늘게 패인 홈을 긁어 내려가는
레코드 바늘
맨발로 새긴 나이테를 타고
빙글빙글 아래로 미끄러진다
점점 작아지는 동그라미를 따라가면
끝내는 멈추고
정적

지익—직
빗소리를 내며 마지막 후렴을 훑어가는
레코드 바늘

혼잣말

길을 걸으며
이만하면 열심히 살았지 하다가 또
너 사는 거 한심해 알아? 하고 질책하지

세상엔 사람들이 참 많아
모두 어울려 깔깔대며 잘도 웃어
그 웃음이 부러워 들여다보려 해도
진열장 속 마네킹처럼 통 알 수가 없어
저건 내 것이 아니야 중얼거려
사람들은 쇼핑하듯 외롭다고 말해
그걸 액세서리로 매달기도 하지
그럼 난 속으로 또 말해
외로움과 심심한 건 질이 다른 거야

세상엔 나무가 참 많아
나무들도 혼자는 싫어
푸른 피 내뱉으며 마구 퍼져가 엉켜
그런데 꽃들은 참 용감해

온몸을 찢어 말을 하고 웅어릴 꺼내 탁탁 털어
까맣게 다 태우고 죽어

한 문학청년의 투신

11층에서 거리를 내려다본다
땅바닥에 붙어 움직이는 물체들은
자신의 가장 윗부분을 보여줄 뿐 높고 낮음이 없다

문득
한 문학청년의 분노와 투신을 상상하며
나를 아래로 던진다
이승의 삶은 낙하하여
달리는 버스 지붕을 튕겨 행인을 덮치고 맨땅의 보도 위로
퍽 터지는 소리와 함께 인형처럼 뒹굴고
뭉개진 주검 속에서 부스스 일어난 꿈과 절망이
사람들 입으로 빨려들어 간다

나는 고개를 가로저으며
테이프를 되감아 11층으로 튀어오른다

화장

앞머리엔 동그란 헤어 롤을 말고
자기 집 화장대에 앉은 듯 큼직한 손거울까지 챙겨든
바로 옆자리에 앉은 아가씨가 화장을 한다
연신 내 팔뚝을 살짝살짝 건드려가며
나는 고개를 돌리지 않고도 마주보듯 정면 차창으로
그 모습을 하나도 빠짐없이 본다
작은 주머니에서 차례로 스킨로션 파운데이션을 꺼내 바른다
실눈을 뜨고 속눈썹을 올려가며 마스카라를 칠하고
거울을 밀쳐 눈을 깜빡인다
립 글로즈 봉으로 윗입술은 중앙에서 좌우 양 바깥쪽으로
아랫입술은 좌우 바깥쪽에서 안쪽으로 바른 뒤
두어 번 입술을 빠르게 포갰다 뗐다 하며 이쁜 표정을 짓더니
셀카로 마무리한다
아무도 의식하지 않는 저 당당한 젊음의 나르시즘

적막

모두가 잠든 고요한 밤엔
평온했다

어둠이 차츰 뿌옇게 벗겨지고 밝아져
분주히 움직이는 소음이 한창일 때
나의 적막은 절정에 이른다

잠긴 현관문을 열고 들어서면
치렁치렁 발부리에 차이는 고인 적막
연기처럼 창을 열어 밀어내는데
액자 같은 창틀 밖에선 참새들이 가지 위를
총총 뛰어다니며 나뭇잎을 꺾어 던지고 논다
새들이 잎을 쪼아대는 건 먹기 위해서라고
믿고 있던 내 생각은 틀렸다
나무는 쫓지 않고 함께 놀이를 즐기는 듯
새들의 무게만큼 흔들려준다

싫증난 새 한 마리 날아가자

신호인 듯 남아 있던 참새 모두 따라가고
나무의 적막도 절정에 이른다

한번쯤

술에 취해
목젖에 잠긴 빗장을 열고
콸콸 말의 폭포를 쏟아내고 싶다

그리곤
아무 생각도 나지 않았으면 좋겠다
생각이 나더라도
술이 한 말이니 난 절대 모르는 일이라고
너스레를 떨며 벽이 되고 싶다

한번쯤 나도
처벌받지 않는 절대자가 되고 싶다

이 도서의 국립중앙도서관 출판시도서목록(CIP)은 서지정보유통지원시스템 홈페이지(http://seoji.nl.go.kr)와 국가자료공동목록시스템(http://www.nl.go.kr/kolisnet)에서 이용하실 수 있습니다.(CIP제어번호: CIP2017001276)

문학의전당 시인선 245

첨부파일

초판 1쇄 인쇄 2017년 1월 17일
초판 1쇄 발행 2017년 1월 24일
지은이 김순호
펴낸이 고영
책임편집 류미야
디자인 헤이존
펴낸곳 문학의전당
출판등록 제2017-000002호
주소 서울시 마포구 마포대로 11길 91, 3층
전화 02-852-1977 팩스 02-852-1978
전자우편 sbpoem@naver.com

ISBN 979-11-5896-302-6 03810